長期記憶

能放置大量訊息，而且儲存時間可長達數年，甚至終身不會忘記啊！

長期記憶有內顯記憶和外顯記憶兩種形式，外顯記憶又包括了語意和情節兩種。

```
                    長期記憶
          ┌────────────┴────────────┐
      內顯記憶                    外顯記憶
  • 學習後不會忘記的技能，     須要有意識地回憶的記憶
    如游泳、踏單車        ┌──────────┴──────────┐
  • 從環境中學習到的知識，  語意記憶           情節記憶
    如社會文化
```

內顯記憶
- 學習後不會忘記的技能，如游泳、踏單車
- 從環境中學習到的知識，如社會文化

外顯記憶
須要有意識地回憶的記憶

語意記憶
客觀的知識與概念，如1加1等於2、貓的英文是cat

情節記憶
主觀的經歷，如昨天吃的晚飯、去年的生日會

這只是其中一種說法，科學家對記憶仍在研究當中。

腦袋中有海馬?

人類的左腦和右腦中，都有一個形狀如海馬的組織，稱為「海馬迴」。根據現時的研究，海馬迴有兩個作用：

①形成長期記憶

長期記憶

重要訊息才可以進去。

短期記憶

②處理空間訊息

銀行

到銀行要直行，然後右轉再左轉……

重要訊息才能進長期記憶

海馬迴會把重要的訊息編進長期記憶，讓我們不容易忘記，但甚麼才是重要訊息呢？

①有水和食物的地方
②危險的事物
③家人的樣貌和聲音
等等與生存有關的訊息。

有這些訊息就足夠生存了。

溫習小秘訣

只要海馬迴認為溫習的內容很重要，就會把它們編進長期記憶了。

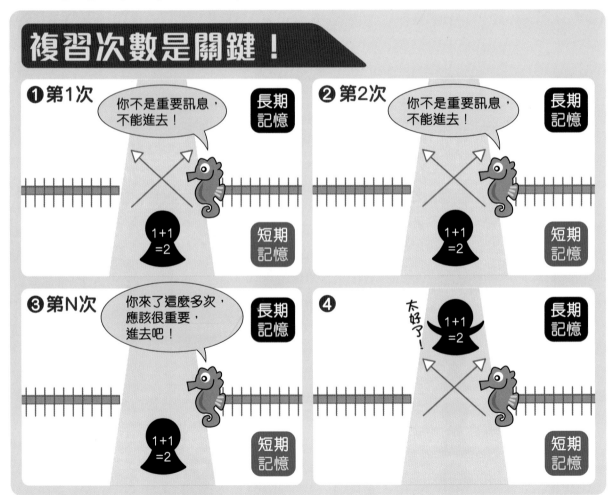

複習次數是關鍵！

❶ 第1次
你不是重要訊息，不能進去！
長期記憶
1+1=2
短期記憶

❷ 第2次
你不是重要訊息，不能進去！
長期記憶
1+1=2
短期記憶

❸ 第N次
你來了這麼多次，應該很重要，進去吧！
長期記憶
1+1=2
短期記憶

❹
太好了！
1+1=2
長期記憶
短期記憶

如果訊息與生存沒有直接關係，大腦一般不會記住，所以要多次複習，告訴大腦這是重要的訊息，要記住它，海馬迴才會把訊息編進長期記憶。

複習時機很重要！

　　就算訊息進入了長期記憶，也不是一勞永逸。如果沒有再提取出來就會忘記，時間過得愈久，忘記愈多，約一個月後，就會有80%訊息忘記了。

　　可是通過複習就能把訊息重新記住，只要配合忘記的時間作複習，就能記得更久了。

→剛學到的新知識很快會忘記，所以要立刻複習，複習過幾次後，忘記的速度減慢，可以隔久一點才複習。如果在2個月內複習7次，就能牢牢記住了。

學到新知識
第1次複習
第2次複習
第3次複習
第4次複習
第5次複習
第6次複習
第7次複習

SEPTEMBER

OCTOBER

S	M	T	W	T	F	S
					1	2	3
4	5	6	7	8	9	10
11	12	13	14	15	16	17
18	19	20	21	22	23	24
25	26	27	28	29	30	31

活用感官——眼看、口說、耳聽、手寫

　　比起用單一感官，以多種感官輸入的訊息會記得更久。當我們使用不同感官時，會刺激大腦不同部位，增加大腦的活躍度。而且以不同方式輸入的訊息能互相連結，就不容易忘記了。

眼看
從視覺輸入的訊息吸收率能達83%，是非常有效的溫習方法。

耳聽
雖然聽覺的吸收率不及視覺，但儲存時間較長。

口說
看到文字後，常常會不自覺地讀出來，再經耳朵傳到腦中，這會同時運用到視覺和聽覺啊。

手寫
不管是默記還是抄寫，都會用到視覺和觸覺。

就算其中一個訊息丟失了，還有其他來補足，所以會記得更好！

5

為訊息加上形象！

我們很難記住沒有意義的訊息，可是只要訊息是有意思的，就能更快記住，而且印象更深刻了。

例子1：
大象有長長的鼻子、大大的耳朵和粗粗的腳。

例子2：

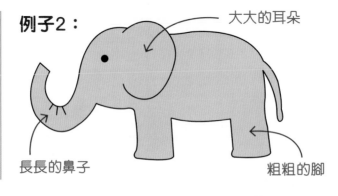

大大的耳朵

長長的鼻子

粗粗的腳

你覺得哪一個例子容易記得呢？

串連法

把訊息串連成一個故事，例如要記住以下的字：
❶飛機　❷男孩　❸猩猩　❹門　❺森林

→在❶飛機上，❷男孩和❸猩猩玩耍，猩猩打開❹門，來到了❺森林。

小提示

- 故事不需要合理，天馬行空的故事反而更容易記得。
- 可以第1個跟第2個串連，第2個跟第3個串連，增加順序效果。

北區

元朗　大埔

屯門　荃灣　沙田

西貢

離島

位置法

利用熟悉的東西，如身體部位或每天上學的路線等，與訊息產生連結。

香港十八區分區的位置：
北區在頭頂，荃灣在右眼、沙田在左眼⋯⋯

字首法

把訊息的字首結合，取代原本複雜的內容。很多機構和組織的簡稱也是用取自名稱的字首，如WHO（世界衛生組織）、NASA（美國太空總署）等。

例 5W1H思考法

5W					1H
When 何時	Where 何地	Who 何人	What 何事	Why 為何	How 如何

口訣法

把訊息編成短句子或押韻的短詩，也會以同音字編成有趣的句子來幫助記憶。

例 ❶分辨字詞
開口己，埋口巳，半口巳
❷以諧音記數字
山巔一寺一壺酒→3.14159（圓周率）

與經驗連結

把新訊息與舊訊息連結，找出它們共同的地方。

與感情連結

我們容易記得開心或傷心的事情，所以可以把訊息與情緒連結。

新訊息

virus

停課

很多功課

病毒

新冠肺炎

考試延期

生病

壓力

舊訊息

經歷和情緒

接收之後要運用！

當記住新訊息後，要經常把它從長期記憶中提取出來。測試一下自己忘記了多少，還有多久會忘記，就能好好編定接下來的溫習計劃。反覆提取也能令記憶更鞏固。

↑做練習題或教導別人都是很好的運用方法，過程中自己也溫習了一遍啊！

環境會影響溫習！

除了溫習方法外，環境也會有影響，如在嘈吵的地方中，無法集中精神，那溫習再久也是浪費時間。

改變溫習場所

比起每次都在房間或書桌前溫習，有時改變一下溫習地方會更好。在熟悉的地方很容易受其他事物影響而分心，改變地點能重拾集中力，如能與朋友一起，互相討論督促就更好了。

太安靜不利溫習？

溫習時播放輕柔的音樂、外語歌曲或大自然的聲音，更能增強集中力。當然，聲音不能太大，否則反而會分心。

遠離電子產品

不要在有電視和遊戲機的房間溫習，手提電話也放到另一房間，就不會受到它們引誘了。

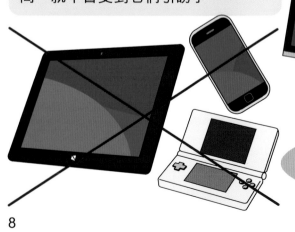

漫畫、小說等消閒書籍也容易令人分心啊。

這樣做就能拿到好成績了嗎？

當然不止如此，好的筆記也能幫助學習啊。

為何要做筆記？

　　看到雜亂無章的筆記，我們會產生抗拒，腦中浮現出「當時寫了甚麼？」、「看不懂啊！」、「這是哪一課的筆記？」等焦躁感，就不想溫習了。而好的筆記能讓我們一看就明白，可提升學習的效率。

- 摘錄重點：把每課的關鍵內容摘要出來，根據重要性和關連性排出溫習的次序。
- 分析運用：要摘錄重點，就必須看過課文，經過腦袋的分析再寫出來，就像做習題般再運用。

筆記小秘訣

大家覺得這兩頁筆記有甚麼問題呢？

未發明雪櫃之前，人們利用糖和鹽來保存食物，例如果醬、蜜餞涼果、燻魚和火腿等。因為高糖和高鹽會破壞水分平衡，水會從食物中流到糖或鹽的外面，在沒有水的環境下，細菌不能在食物內滋生，就能達到防腐的效果。

After discarding the head, tail and innards, the fish is cut into three long pieces of fillets. The fillets' moisture is removed through smoke-drying, then would culture is sprayed on the surfaces to further remove any residual moisture through fermentation. Since bacteria cannot grow without moisture, the rock-hard dried fillets do not rot, allowing them to be kept for a long time.

1. Smoking removes moisture from the fillets
2. Mould further removes any residual moisture

除了糖和鹽外，還可以用醋和酒來保存食物。漢堡中的酸瓜和梅子酒之類的食物就是用醋和酒製成。除了會抽出食物中的水分外，醋和酒本身亦有殺菌作用，有利食物的保存。

也會按發酵程度將茶區分：
半發酵茶 — 鐵觀音
全發酵茶 — 普洱
　　　　　↑黑茶

Another common method of food preservation is salting. A salted fish is first applied with salt to draw out moisture in the fish, then it is exposed to sunlight to further remove residual moisture and kill off any remaining bacteria. Just like smoked fish, salted fish can also be kept for long periods of time.

內容引用自《大偵探福爾摩斯 常識大百科》及《The Great Detective Sherlock Holmes ⑬ The Silent Mother》。

不同科目要用不同筆記

把筆記全寫在同一本筆記本中，溫習起來就會很混亂，也會增加找到筆記的難度。

如果不想帶多本筆記本，可把上課時粗略記下的內容，在課後整理抄寫到個別科目的筆記本中作為溫習。

第一章

○ 第一章
○
○

字體要清晰

有些人喜歡看印刷字體，有些人則喜歡手寫字，可以按個人喜好把筆記輸入電腦再列印，如果用手寫，也要注意字體要清楚整齊啊。

加上標題和日期

理想的筆記要一看就知道內容，所以在頁頂寫上對應的課文章節和寫筆記的日期，就能立刻分辨溫習範圍了。

2020年9月15日

保存食物的方法

找出關鍵字和連接詞

只要找出文章的關鍵字，就能快速理解重點。而連接詞指出了前後句的關係，如轉折、引申、總結等，對筆記很有幫助。

關 鍵 字

未發明雪櫃之前，人們利用糖和鹽來 保存食物 。

關鍵字：文章主題

連 接 詞

因果：因為、所以、由於、因此
轉折：不過、雖然、然而、但是
假設：如果、假如、即使
總結：也就是說、總之

運用圖像及圖表

比起一大段文字，我們更容易記得圖像，可以把關鍵字以圖像、記憶樹或圖表的方式表示。

以前頁筆記本的第一段為例：

未發明雪櫃之前，人們利用糖和鹽來保存食物，例如果醬、蜜餞涼果、燻魚和火腿等。因為高糖和高鹽會破壞水分平衡，水會從食物中流到糖或鹽的外面，在沒有水的環境下，細菌不能在食物內滋生，就能達到防腐的效果。

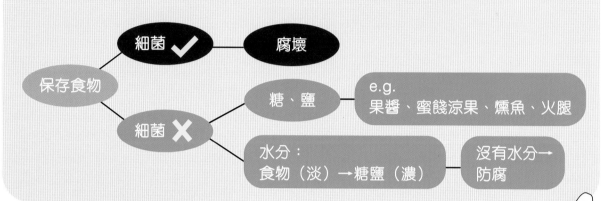

原子筆只須兩種顏色

筆記的主要目的是協助溫習，花太多時間把筆記弄得精美漂亮，只是本末倒置，所以只要用藍色或黑色寫內容，以紅色標記重點就可以。

除了糖和鹽外，還可以用醋和酒來保存食物。除了會抽出食物中的水分外，醋和酒本身亦有殺菌作用，有利食物的保存。

→用雙色原子筆就不需要換筆了。

活用小工具！

可以用熒光筆標註相近的資料，如關鍵字、主題句等，但注意不要過量，因為太多顏色反而容易令人分心。而用標籤分隔不同課文，就更易找到需要的資料了。

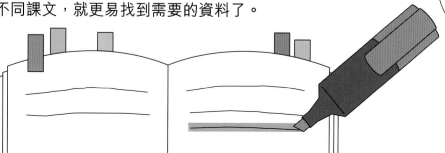

寫筆記最重要是簡單整潔，不妨用這些方法，配合個人習慣調整，寫出能幫助溫習的筆記吧！

只要用這些方法不眠不休努力溫習，一定能進步的！

這可不行，休息也很重要啊！

休息有助記憶！

我們每天要睡七至八小時，睡眠不足不單會影響記憶和學習能力，連免疫力也會下降。

腦袋需要大量能量

無論是思考、寫入記憶或提取記憶，都在腦袋中進行。腦袋大約佔體重的2%，卻會消耗掉攝取能量的五分之一。

專注力有時限

由於大腦消耗這麼多能量，所以難以長時間維持專注。隨着漸漸長大，能維持專注的時間會延長，但也不超過30分鐘。

30 mins

溫習30分鐘更有用？

依據專注力的時限，把溫習時間分為以30分鐘為一節，溫習25分鐘後，稍稍休息5分鐘，反覆3、4節後休息半小時，這樣比起連續溫習3至4小時更能集中精神啊。

TIPS 溫習小提示

先定下當天的目標，估計每個目標需要的時間，如①溫習中文課本5頁（1節）、②寫英文習作3頁（1節）和③製作視藝功課（2節）。

在估計時間內無法完成目標，就在下一節繼續，直至完成所有目標。之後要審視延遲的原因，是分心還是低估了目標的難度，下次就能把時間安排得更好了。

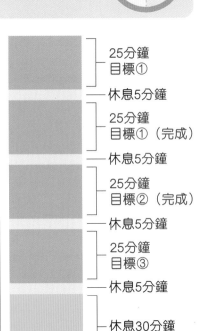

25分鐘
目標①

休息5分鐘

25分鐘
目標①（完成）

休息5分鐘

25分鐘
目標②（完成）

休息5分鐘

25分鐘
目標③

休息5分鐘

休息30分鐘

記憶會在睡眠時寫入腦袋

睡眠的時候不會有新資訊進入腦中，腦袋會在這時進行清洗，把細胞形成的毒素和廢物排走，然後寫入新的長期記憶。

所以在睡前學習新知識，讓腦袋在睡眠時寫入記憶，早上起床再複習一次就能記得更牢固了。

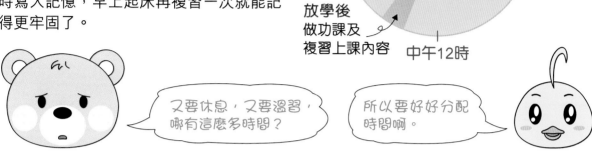

睡前記生字及預習

晚上12時

睡覺

早上做練習題

晚飯

上學

放學後做功課及複習上課內容

中午12時

> 又要休息，又要溫習，哪有這麼多時間？

> 所以要好好分配時間啊。

如何分配時間？

判斷事情的重要性

可以把事情根據重要性和緊急度分成4個類別：

	緊急	不緊急
重要	重要 / 緊急 例：明天的功課及測驗	重要 / 不緊急 例：預習期末考試、閱讀益智課外書
不重要	不重要 / 緊急 例：節日佈置、遊戲的限時活動	不重要 / 不緊急 例：玩遊戲機、看漫畫小說、上網

先處理好「重要 / 緊急」的事，然後安排時間做「重要 / 不緊急」的事，「不重要」的事可當作是努力過後的小獎勵。

經常拖延怎麼辦？

> 下次要考到100分！

會拖延是因為沒有目標，或想逃避實行的壓力，所以只要目標容易執行又有成就感，就能減少拖延。

- 定立目標：目標不要太空泛，也不要與人比較，如考到好成績或考上第一名等就不太好了。
- 把目標分割成多個小目標：可定下每星期溫習一課課文，或每天做3頁練習等容易完成的目標。
- 設立獎勵：如溫習後可以玩半小時遊戲機、考到100分就買玩具等，增加執行的動力。

厲河老師的 實戰寫作教室

在這個專欄中，我會批改讀者寄來的短篇故事，希望能讓大家從中學習如何寫作，提高創作故事的能力。

不過，寫作風格千變萬化，不同的人可以有不同的寫法。所以，我的批改也很個人化，可以說是「厲河式」的改法，並不表示一定要這樣寫才正確，大家拿來參考參考就行了。

牛油果歷險記 | 小作者 / 許汶洺（7歲）

① 「加油！加油！」聽着花球啦啦隊的聲音，真熱鬧！剛好牛油果妹妹奇奇和姐姐朱朱被花球啦啦隊的聲音吵醒了。原來少年牛油果隊有一名男子受傷，花球啦啦隊很失望。奇奇很好奇，立刻走到門前，道：「我出門了，我去棒球場看一看啊！」牛油果家人不約而同地說：「路上小心啊！」奇奇說：「知道。」到了黃昏，

② 。」牛油果妹妹奇奇一走進家門，就向姐姐朱朱說，「

奇奇回到家裏，說：「我回來了，剛才我在街上看到一個老伯伯，他很貧窮，

又沒有生意

正在街上售賣一些物品，我幫了他一個大忙，就是替他買了一塊美麗的鏡子。」

⑦ 接過鏡子， *馬上* *。這時，* *唸*

到了第二天，朱朱坐在椅子上對着鏡子化了一個美麗動人的妝，鏡子突然讀起咒語：「咕嚕，咕嚕……」

⑧ *「呼」的一聲響起，* *。*

朱朱被鏡子吸入了魔界——鏡子國，朱朱說：

⑨ *救我！* *朱朱大叫。*

「妹妹，你快來鏡子面前。」

⑩ *慌忙把手伸進鏡子中，想拉朱朱出來。*

奇奇走過來，這時，她也被鏡子吸進了魔界。

可是，鏡子一閃，把 *了*

奇奇很害怕，哭道：「姐姐，我們是不是不能回家了？」

「有姐姐在，你不用害怕。」姐姐說。⑪ *朱朱強裝鎮靜地說。*

⑫ *這時，* *從遠處往這邊衝來* *攀到* *躲起來。* *⑬ 邊*

突然有一隻恐龍衝過來了，奇奇和朱朱立刻躲在櫻花樹上，朱朱發現恐龍左

上 *時*

面有一個標誌，是葵扇的圖案，恐龍出招了，她們立刻走向北方，恐龍說：「火焰葵扇暗影球！」

⑭ *已聽到恐龍大吼*

14

⑮ ！ ／ 的一下 ／ 響起 ／ 被轟得從樹上掉了下來。她們

「轟……」傳出吵耳的爆炸聲，牛油果姊妹驚慌失措，朱朱和奇奇滿身是

地 ／ ⑯ 獵殺

泥，她們拍拍身體上的泥土，便立即繼續向前逃跑，希望能避開葵扇龍的追捕。

就在前面 ／ 向它衝去

突然她們看到一座充滿神秘的城堡，於是便立刻衝向城堡。

⑰ 逃進城堡後，兩姊妹發現 ／ 城堡的上空 ／ 看來牠正在追尋她們兩人的蹤影。

這時葵扇龍已經在天空上盤旋，牠要進入城堡裏尋找牛油果姊妹，因為原來

⑱ 突然，葵扇龍伸長鼻子一邊使勁地嗅一邊大叫：「是牛油果的香味！我要吃牛油果！」

葵扇龍是很喜歡吃牛油果，突然牠嗅到一陣陣牛油果的香味，牠找呀找，終於找

兩姊妹 ／ ⑲ 為了保護妹妹和引開葵扇龍的注意，

到牛油果兩姊妹了，她們大吃一驚，立刻向前面跑過去。姐姐很擔心妹妹會被葵

⑳ 朱朱二

扇龍捉走，她一話不說，然後勇敢地從口袋裏拿出牛油果，她把牛油果拋向葵扇

龍的頭頂，葵扇龍立即接着牛油果吃個不停，還吃得津津有味。

㉑ 朱朱 ／ 前面有 ／ 拉着奇奇衝 ㉒ 一踏入房間中， ／ 已 ／ 熟悉的

這時，她看見一道門，便立刻進去躲避。她們在房間裏看見一面鏡子，這面

朱朱心想有救了，於是

鏡子很像牛油果家的一面，牛油果姐姐立刻唸起咒語，道：「咕嚕，咕嚕……」

㉓ 一閃 ／ 了 ㉔ 當她們回過神來時，已發現自己 ／ 了

鏡子一話不說，便把她們吸進去，鏡子立刻把牛油果姊妹帶回到牛油果村。

㉕ 不但令

經過這次又驚險又刺激的旅程，牛油果姊妹的感情又加深了，這次的經歷還

令她們感到難以忘懷呢！

---

① 這段開場與後面的冒險故事完全無關，故刪之。

② 由於刪了前面一大段，就要交代一下奇奇開門回家，見到姐姐朱朱。

③ 這裏加了「擺地攤」，就可簡化寫法，刪去後面的「正在街上售賣一些物品」。

④ 作者應是估計老伯伯窮，改作「看來很窮」比較合理。此外，
後面加上「又沒有生意」，就可凸顯老伯伯的困境。

⑤ 只是幫襯買一塊鏡子，只能算是「幫小忙」而非「幫大忙」。

⑥ 「替他買」有「為他買」的意思，改為「向他買」更恰當。

⑦ 短篇故事要劇情緊湊，沒有必要等到第二天，不如馬上展開劇情吧。

⑧ 加點「聲效」，令吸進鏡子的過程更有戲劇效果，也可稍為拖慢一點節奏。

⑨ 朱朱說「你快來鏡子面前」，不像危急時的對白啊，故改為「快來救我」。

⑩ 加上奇奇企圖救姐姐的情節，可以營造驚險的氣氛。

15

⑪ 在遇險的情況下，姐姐不應太冷靜，所以她是「強裝鎮靜」。

⑫ 加上「這時」來轉接下一場戲，讀起來就更自然了。但「恐龍衝過來了」給人的感覺是已衝到眼前，兩位姊妹又怎逃得了，故改之。

⑬ 「恐龍左面」即是哪裏？必須寫清楚，故改成「左邊面上」。

⑭ 「恐龍出招了，她們立刻走向北方」的寫法太溫吞吞了。這是驚險情節呀，最好節奏明快。而且，她們「走向北方」也叫人摸不着頭腦。

⑮ 「轟」是巨大的聲效，用「!」更貼切。而且，用「吵耳」來形容爆炸聲也不準確。後面的「滿身是泥」和「拍拍身體上的泥土」也太溫吞吞了。人都快要給葵扇龍吃了，還會在意身上的泥土嗎？

⑯ 「追捕」多用在「犯人」身上，但兩姊妹更像葵扇龍的「獵物」，故用「獵殺」或「捕獵」更佳。

⑰ 這裏涉及小說中的「視點」問題。故事一直是從兩姊妹的角度（視點）出發的，這裏卻突然換成葵扇龍的角度，讀起來有點不銜接，故改之。

⑱ 由於放棄了葵扇龍的視點，就要客觀地描述牠的行為了。

⑲ 作者的寫法太暴贅了，改成「保護妹妹」就行，再加上「引開葵扇龍」就更完整了。

⑳ 沒有「一話不說」的講法，應是「二話不説」。

㉑ 為了讓讀者更入戲，寫清楚「方向」是很重要的。朱朱既然要「保護妹妹」，就要讓她做出「保護」的行為——拉着奇奇。

㉒ 加上「一踏入房間中」，可加強節奏感。「這面鏡子很像牛油果家的一面」這句也太暴贅了，改成「熟悉的鏡子」不就簡單得多了嗎？此外，看見鏡子就馬上唸咒語，節奏上過急了一點，這裏可拖慢一下，説她「心想有救了」，然後才唸咒語，令讀者更易進入她的心理狀態中。

㉓ 之前寫過「鏡子一閃」就把她們吸走，現在「一閃」把她們吸走也就順理成章和前後呼應了。

㉔ 作者的寫法太過平鋪直敘，讀來乏味，故改之。

㉕ 用「不但……還……」就可省略「這次的經歷」，不是更好嗎？

在投稿之中，不乏這種冒險故事，這是寫得比較完整的一個，基本上做到了「起、承、轉、合」，以7歲的小朋友來說，是相當不錯了。

不過，開首那一大段卻損害了「起」的作用，因為這段「棒球賽」與後面的「冒險」完全無關呀。當然，如果作者把結局改成咒語無效，幸好「棒球」飛進家中把「鏡子」打破，令兩姊妹因此獲救的話，開首的這一大段就會變得合理又有趣了。

快點把你的故事寄來吧！

一經刊登可獲贈正文社網站購物現金券HK$300元。

投稿須知：
※短篇故事題材不限，字數約500字之內。
※必須於投稿中註明以下資料：
小作者的姓名、筆名（如有）及年齡，家長或監護人的姓名、地址及聯絡電話。
※截稿日期：2020年9月18日。

投稿方法：
郵寄至「柴灣祥利街9號祥利工業大廈2樓A室」《兒童的學習》編輯部收；或電郵至editorial@children-learning.net。信封面或電郵主旨註明「實戰寫作教室」。

大偵探福爾摩斯
SHERLOCK H M博士外傳
⑫ 密函的背後

奧斯汀·弗里曼＝原著　厲河＝改編

陳秉坤＝繪　　陳沃龍、徐國聲＝着色

愛德蒙·唐泰斯
年輕船長。因冤罪而被囚於煉獄島。

福爾摩斯 精於觀察分析，曾習拳術，是倫敦最著名的私家偵探。

上回提要：

　　年輕船長唐泰斯被誣告入獄，逃獄後設局令見死不救的鄰居裁縫鼠被判死刑。及後，他查得仇人唐格拉爾與費爾南曾合作謀財害命，最終更反目成仇。費爾南為逃避警方追捕，化名傑弗利在一燈塔當看守人，而唐格拉爾也化名托德為逃亡而顛沛流離。於是，唐泰斯化身成神甫，假意推薦唐格拉爾前往燈塔替補空缺，令他與費爾南在燈塔中作困獸鬥。一番惡鬥後，費爾南把唐格拉爾推下燈塔，並弄沉小船製造海難假象。唐泰斯在遠處的輪船上目睹經過，於是命手下的拖網船撈起唐格拉爾的屍體運到港務局碼頭。與此同時，他以法醫桑代克的身份結識了港務局的李船長，並在驗屍後與李船長和猩仔兩爺孫一起到燈塔作實地調查。桑代克通過一隻煙斗、欄杆上的油漆、燈塔下的木箱等證物，證實費爾南就是兇手。但費爾南突然發難，竟捉住猩仔要脅！

　　「你想怎樣？快放開小孩！你以為還逃得了嗎？」桑代克喝道。

　　「事到如今，逃不了也得逃！」傑弗利怒吼，「我要你們把我送上岸！否則就把這小屁孩的脖子擰斷！」

　　「千萬不要！」老船長慌了。

　　「那麼就快下令！叫水手準備，把我和這小屁孩送到汽艇上去！」

　　「好！」老船長說，「俺會照你——」

　　然而，老船長還未說完，猩仔突然用盡全身之力，舉起腳用力往後一踢，「**蓬**」的一聲，他的腳跟踢中傑弗利的下腹。

　　「哇呀！」傑弗利慘叫，猩仔趁機一口咬向他的手臂。

　　「哎呀！」又一聲慘叫響起，

傑弗利手一鬆，猩仔已摔在地上。說時遲那時快，「嗖」的一下疾風掠過，一塊方形的物體已猛地襲向傑弗利。

「嘭」的一聲響起，傑弗利已被打得**人仰馬翻**，立即昏倒在地上了。

原來，桑代克以手上的書本作為武器，在一瞬間就制服了敵人。

汽艇把眾人送到碼頭後，桑代克走到**垂頭喪氣**的傑弗利身邊，別有意味地說：「好人會得到**上天眷顧**，而壞人是必會**受到懲罰**的。」

傑弗利抬頭凝視着桑代克，他的腦海中忽然閃過一個熟悉的臉容——那個被他誣告而**身陷囹圄**的唐泰斯！

「是唐泰斯……」傑弗利低聲沉吟。

「甚麼？」老船長問。

「是唐泰斯……是他在詛咒我們……」

「唐泰斯？他是甚麼人？為何會**詛咒**你們？」老船長摸不着頭腦。

「我們陷害他，令他被抓了去坐牢……我知道……他一定已死在牢裏了。」傑弗利**自言自語**，「一定是他，他**死不瞑目**……就讓命運安排我和唐格拉爾困在燈塔裏……沒錯……一定是他……否則**人海茫茫**，我們兩人又怎會再遇上……」

「傑弗利，你究竟在說甚麼？甚麼唐格拉爾？你指的是托德嗎？」老船長問。

「哈哈哈！他不是托德！他是唐格拉爾！我不是傑弗利，我是費爾南！沒錯，我是費爾南！我終於可以說出我的真名了！憋了幾年，連自己的名字也不敢說出來，已差不多把我憋死了！我是費爾南！哈哈哈！我是費爾南！哈哈哈！我終於可以說出自己的名字了！」

「看來他已瘋了。」桑代克低聲在老船長耳邊說。

「對，他一定是瘋了。」老船長點點頭，並向水手下令，「快把他抓去警察局，俺把猩仔送回家後馬上就來。」

「知道！」幾個水手立即押着仍然傻笑着的傑弗利離開。

「桑代克先生，那傢伙為甚麼會突然瘋了的？」猩仔有點不安地問。

「一個人受到沉重打擊，有時就會變成那樣。」桑代克摸摸猩仔的頭說，「那張肖像畫已說明，他與托德認識，肯定是因私怨犯案，而非自衛殺人。這麼一來，他就難獲輕判，必定會被判死刑了。」

「原來如此。」猩仔似懂非懂地點點頭。

「不過，這次能把他抓住，也全靠你呢。」桑代克稱讚，「要不是你突然連消帶打，踢了他一腳又咬了他一口，我和你爺爺也不知道該怎辦啊。」

「嘻嘻嘻，我說過嘛，我膽子和力氣都很大，要制服壞人簡直易如反掌呢。」猩仔展示手瓜，得意地說。

「傻瓜！」老船長「咚」的一下，把煙斗敲在猩仔的頭上，罵道，「剛才差點就把俺嚇死了！還自吹自擂！」

「我說的只是事實嘛。」猩仔有點委屈地說。

「哈哈哈，李船長，猩仔表現得實在不錯啊，你不該罵他。」桑代克笑道，「我看他很有潛力成為一個**出色的警探**呢。」

「爺爺，你看，桑代克先生也稱讚我呀！」

「對了，猩仔是你的**乳名**吧？」桑代克說，「我很高興能夠認識你，可告訴我你的全名嗎？」

「我的全名嗎？」猩仔挺起胸膛說，「小弟**行不改名，坐不改姓**，我叫做——**李大猩**！」

「**咚**」的一聲，老船長又把煙斗敲在猩仔的頭上，並罵道：「別亂逞威風！甚麼『行不改名，坐不改姓』，說話像個**江湖小混混**似的！」

「**哈哈哈！**你們兩爺孫真有趣！」桑代克大笑。

這時，老船長掏出那張鉛筆畫再看了看：「說起來，幸好有這張畫，否則就難以判他重罪了。」

說完，他好像發現了甚麼似的，瞇起眼睛指着畫說：「唔？右下角有個『M』字，看來是畫家的署名呢。」

聞言，桑代克的嘴角泛起一絲叫人**不寒而慄**的奸笑。其實，鉛筆畫是他的精心安排。他記得唐格拉爾喜歡看書，就在對方前往燈塔當天，以神甫的身份送了幾本書給他，假意說可讓他在燈塔解悶。但是，卻暗中在書中夾了那張**肖像畫**，以便在必要時用來揭穿兩人的關係。

這一着非常成功，兩個仇人已被他除去了。接着，他面對的卻是最強大的仇人、已升任為**皇家總檢察長**的——**維勒福**！

「怎會這樣的？竟然……找到了費爾南和唐格拉爾？」維勒福在辦公室中看到「**燈塔殺人案**」的報告後，不禁大吃一驚。在他心中潛藏了9年的那**驚險一幕**又重現眼前……

「唐泰斯先生，你必定沒有給別人看過此信吧？或者說，有沒有其他人知道你會帶這封信給**萊文森先生**？」維勒福問。

「當然沒有，我從沒告訴別人有關這封信的事。」唐泰斯老實地回答。

「是嗎？」維勒福又拿起信細看了一遍。

「你肯定？肯定不知道**信中的內容**？」維勒福看完信後，盯着唐泰斯問。

「我可以發誓，絕對沒有偷看信的內容！」

「很好。」維勒福放下**心頭大石**。他走到壁爐旁邊，把信一扔，扔到**爐火**中去。

「**啊！**」唐泰斯大吃一驚。

「唐泰斯先生，你是個誠實的人，我相信你。信中內容對你非常不利，我只能把信**燒**了，否則沒法保護你。」維勒福微笑道，「不過，我不能馬上把你釋放，這是程序問題，必須把你關押一段時間，待完成了所有程序後，你就可以回家了。」

「啊！檢察官大人，謝謝你！」唐泰斯**喜出望外**，「能夠遇上你這麼英明的檢察官，我實在太幸運了。」

「不用客氣。」維勒福勉強地堆起笑臉提醒，「但你必須記住，程序上會有一位法官來審問你，你照直說就可以了，但萬萬不可提及**這封信**，否則我想幫你也**無能為力**。」

「好的，我明白。我死也不會提起這封信。」唐泰斯堅定地承諾。

「很好……很好……」維勒福回頭看了一眼已被燒成**灰燼**的密函，低聲地自言自語。這時，他已感到自己涼了半截。

「嘿嘿嘿……找了幾年也沒找到這兩個傢伙，沒想到他們竟然在一座燈塔內**自相殘殺**，真是得來全不費工夫。現在唐格拉爾已死，瘋了的費爾南也即將被判死刑，**心腹大患**已除，我終於可以睡一覺好的了。」維勒福心中暗想，「那兩個傢伙也真卑鄙，竟然**誣告**自己的朋友。不過，想起來，也全靠他們的告密，我才可以及時制止一場大災難的發生。可是……他們兩人既已**反目成仇**，為何又會偶然重遇呢？還要在一座**遠離人煙**的燈塔之內……難道真的冥冥中自有主宰？唔……實在有點可疑……」

維勒福想了想，連忙把只看了一半的報告再看下去。

「唔？案中出現一個名叫**桑代克**的**蘇格蘭場法醫**，全靠他的協助，才能偵破費爾南犯案的真相。但地方警局向蘇格蘭場查詢後，發現根本沒有這個人？他是**何方神聖**？為甚麼要假扮法醫幫忙查案呢？」維勒福心中閃過一下疑惑，急忙看下去，「甚麼？這裏還提及一位**意大利神甫**，一個叫哈利的燈塔看守人摔傷了，經神甫介紹，唐格拉爾才能當上替工……？太巧合了。意大利神甫……？燈塔看守人……？兩者**風馬牛不相及**，為何意大利神甫會介紹唐格拉爾去當替工呢？」

維勒福想了想，又覺得自己可能過慮了。

「唔……神甫都**樂於助人**，或許他見到唐格拉爾可憐，就出手相助吧。可是，假扮蘇格蘭場法醫協助破案，對那個假扮者而言又有何好處呢？總不能以**見義勇為**來解釋吧？對！只有一個可能，就是**報仇**，那個**桑代克**是為了報仇！費爾南和唐格拉爾當水手時曾害死了不少人，有人找他們報仇絕不奇怪。沒錯，一定是這樣。」維勒福想到這裏，才噓了一口氣。可是，他再翻下去，卻翻出了一張令他再生疑惑的**肖像畫**。報告上說，這是從唐格拉爾的遺物中找到的。

「奇怪……畫中是那兩個傢伙年輕時的模樣，但唐格拉爾怎會**珍而重之**地收藏着它呢？難道他念舊，不捨得把它丟掉？不太可能吧？」維勒福盯着畫沉吟。

「這是？」突然，一個「M」字闖入他的眼簾。

「M……」維勒福盯着肖像畫的右下角，不知怎的，忽然感到有點**心緒不寧**，總覺得這個「M」字好像在哪裏見過。驀地，一個熟悉的臉容在他的腦海中一閃而過。

「**唐泰斯！**這個『M』字……難道與唐泰斯有關……？」維勒福的直覺響起了警號，但他馬上又搖搖頭，「不可能，他已被拋下懸崖，**葬身大海**了，又怎會與他有關。」

「不過，為了保險起見……」他想到這裏，馬上站了起來，從口袋中掏出鑰匙，走到書架去打開中間的抽屜，抽出了一疊他存放了好幾年的文件。那些都是唐泰斯被定罪之後的報告，**巨細無遺**的記錄了他坐牢的細節。

維勒福仔細地一頁一頁翻閱，卻沒有找到與「M」字有關的記錄。然而，當他翻到最後一頁，看到其中一個段落時，一股寒意有如

閃電似的迅即襲向脊樑。

唐泰斯**人間蒸發**，而綽號**M先生**的遺體卻躺在唐泰斯的囚室中。經調查後發現，兩人的囚室之間有一條地道。獄方估計唐泰斯為了逃獄，與猝死的**M先生**調換身份，自己鑽進屍袋中假扮屍體，卻沒想到會被拋下懸崖，最終亦**難逃一死**。

「啊！」維勒福不敢相信自己的眼睛，「**M先生**！難怪我一看到那個『M』字，就想起唐泰斯！」

維勒福不敢怠慢，馬上命令部下去調查唐泰斯的家人和朋友，看看最近他們有何**異動**。

兩天後，一份報告已放在他的桌上。

他看後更震驚不已。因為，報告上指唐泰斯的鄰居裁縫鼠卡德早前被控**謀財害命**，關鍵證據竟是幾顆刻着「M」字的鑽石！更令他驚異的是，裁縫鼠在被行刑前仍**念念有詞**地說，那些鑽石是一個意大利神甫送給他的。**無獨有偶**，協助當地警方破案的，竟也是一個名叫**桑代克**的**蘇格蘭場法醫**！

維勒福霎時間雖然**驚恐萬分**，但多年的檢察官生涯令他很快就冷靜下來，並在心中比較了兩案的相同特徵。

案件	人物	神秘人		懲罰
謀財害命案	裁縫鼠	意大利神甫	桑代克	死刑
燈塔殺人案	唐格拉爾、費爾南	意大利神甫	桑代克	自相殘殺／死刑

共同特徵	唐泰斯的仇人	促成案件	協助破案	受到法律制裁

「這兩個案子太多共通的特徵了，不可能是偶然。莫非……莫非……那個**黃毛小子**仍活着……？這兩起案子都是因復仇而起？可是，他為了報仇的話，為何不直接自己下手，卻花那麼多精力，一方面安排兩個仇人**互相殘殺**，一方面又**誘導警方**作出拘捕呢？」維勒福想着想着，腦袋中靈光一閃，「啊！我明白了！他的仇人是利用**司法機關**把他打進黑牢，於是，他就設局誘使他們犯罪，同樣利用司法機關來把他們送上**斷頭台**！」維勒福想到這裏，額上不覺已青筋暴現，「錯不了！唐泰斯仍活着！這兩起案子都是他設計出來的陷阱，意大利神甫和桑代克可能是他假扮的，或許是他的同黨，而『**M**』就是他的**代號**！」

「可是，他為甚麼故意留下代號？這只會給警方提供追查的線索呀。」維勒福沉思片刻，忽然眼前一亮，「難道……這是故意留給我看的**挑戰狀**？那小子一定知道我是皇家總檢察長，重要的案子都會經我過目。所以，就留下**代號**，向我傳遞信息，直接向我挑戰！」

「那小子太大膽了，竟敢在**太歲頭上動土**！想向我挑戰嗎？幸好我為了對付**外父**，已早有準備。」維勒福眼底閃過一下寒光，「現在，是出動**剃刀黨**的時候了！嘿嘿嘿，**黑白兩道**皆在我控制之下，唐泰斯，你休想威脅我！」

唐泰斯扔掉手上的晚報，一陣冷風把報紙吹到了街角，仿似一段不顯眼的歷史已被掃進了污水渠中。

費爾南被行刑的消息只佔了報紙內頁的一個**小角落**。之前，關於「**燈塔殺人案**」的報道也不多，對費爾南與唐格拉爾的關係只是**寥寥數筆**就被輕輕帶過。本來，這是市井大眾最愛看的新聞，也是嗜血媒體追訪報道的絕佳材料，為何只獲得如此低調的**冷處理**呢？

一定是維勒福動用了他所有力量，把這個案子壓下來，壓到不起眼的一角，以免火苗愈燒愈旺，燒到他不想人們接近的禁區——唐格拉爾和費爾南與「**舉報倒皇黨唐泰斯**」一案的關係。

想到這裏，唐泰斯不禁感到有點失望，他原本想利用報紙的挖掘，挖出一些**蛛絲馬跡**，有利自己獲得平反。可惜，這個願望落空了。更令他失望的是，報道中完全沒有提及費爾南的出身，當然，也沒有提及自己的妻子**美蒂絲**。

「還以為可以藉費爾南一案找到美蒂絲，原來一點用處也沒有。不過，還有一個機會……」唐泰斯心想，「美蒂絲當年在擇偶時雖然選擇了我，但她與表哥費爾南其實**情同兄妹**，她只要知道其死訊，一定會出席他的**葬禮**。到時，我就可以看到她了。」

兩日後，唐泰斯的手下已查出有人領走了費爾南的遺體，而葬禮則在費爾南出身的小漁村附近的墳場中舉行。他按時悄悄地去到墳場，並在旁邊的叢林暗處等候**送殯隊伍**的到來。

　　只是等了一會，棺木就運來了，但來送殯的人出奇地少，而美蒂絲的身影也不在其中。看來，人們覺得為一個**殺人犯**送殯並不光彩，都不願出席吧。唐泰斯有點失望地看着棺木下葬，當他正想轉身離去時，兩個一高一矮的少年伴着一個女人卻闖入他的視界之中！

　　「啊！那……**那不是美蒂絲嗎**？」唐泰斯感到腦門仿似被**轟**了一下似的，完全呆住了。

　　美蒂絲一臉哀傷的走到墳前低下頭來，**兩個少年**則站在她身旁，默默地聽着牧師的祈禱。當賓客逐一丟下花朵，默哀了一會後，已一一轉身離開。可是，美蒂絲卻仍然失神似的站在墳前，呆呆地看着仵工把泥土鏟進墓穴中。

　　「一別多年，沒想到……她竟然變得那麼**憔悴**了……」一陣陣撕裂似的**痛楚**侵襲着唐泰斯的內心，「她真是一個善良的人，明知費爾南因殺人而被判死刑，仍然為他那麼悲傷……」

　　這時，年長一點的少年在美蒂絲耳邊不知說了些甚麼，她無聲地點點頭，才**依依不捨**地轉身離開。年紀較小的少年則仍然站在墓穴旁，好奇地看着仵工把泥土鏟進墓穴中。當他察覺美蒂絲兩人走遠了，才慌忙叫了一聲：「**媽媽，等等我！**」

媽媽，等等我！

　　唐泰斯呆望着少年往兩人追去的身影，仿如**晴天霹靂**：「媽媽……？難道……那少年是美蒂絲的兒子？這麼說的話……

27

她已再婚了？」

美蒂絲與兩個少年走到墳場出口時，唐泰斯才猛然驚醒。

「**糟糕！**在這裏丟失了她的話，可能永遠也找不到她了！」唐泰斯想到這裏，才懂得慌忙追去。當追到出口時，他看到美蒂絲與兩個少年正登上一輛停在路邊的馬車。他急步往前走，但只是走了幾步，一個迎面而來的**老紳士**仿似向他打招呼似的，一隻手搭在**氈帽**上向他點了點頭。

唐泰斯**不以為意**，也草草點頭還禮。可是，就在兩人擦身而過的一剎那，老紳士突然脫下帽子，猛地往唐泰斯的脖子**掃去**。

那頂帽子的帽檐銀光一閃，有如**利刃**般在唐泰斯眼前一掠而過。他慌忙把頭一歪，避過了那道寒光，卻已聽到布匹被割破似的「**嚓**」的一下微響。同一剎那，他感到脖子上傳來一陣**刺痛**，他知道，自己遇襲了！

（下回預告：唐泰斯被剃刀黨偷襲身受重傷，幸得武功高強的神秘少年相助逃離魔掌。但此時的唐泰斯已陷入昏迷命懸一線！他最終能否康復？康復後又如何策劃絕地反擊？一場龍爭虎鬥即將上演！萬勿錯過！）

大偵探
福爾摩斯 M博士外傳
SHERLOCK HOLMES
④仇人見面

M博士外傳④
9月下旬出版!!

快樂大獎賞

學會有效溫習法後，齊來玩遊戲鍛煉腦力，輕鬆一下吧！

 LEGO Minions: Brick-Built Minions And Their Lair 75551 1名

迷你兵團來襲！用876粒顆粒與零件就能砌出2個迷你兵，你會選Kevin、Stuart還是Bob呢？

B Thinkfun 眼明口快碰碰字 1名

學英文考反應，最快集齊字卡上的英文單字圖案牌，喊出「Zingo」就勝出。

 **C** 迪士尼TSUM TSUM 公仔頭咕呱   1名

軟綿綿的愛莎公主咕呱，觸感柔軟舒適，很適合抱着睡覺。

D 星光樂園寶石製作機+角色補充裝 1名

齊來製作獨一無二的星光彩虹寶石。

E 朱古力隨想筆套裝 1名

像畫筆一樣，隨時隨地就能在食物上畫上朱古力圖案，好看又美味。

*不包括朱古力。

 F 魔雪奇緣雪寶破冰遊戲

轉動輪盤，跟着指示敲落冰塊，誰先讓雪寶掉下遊戲台的人就輸了。 1名

G 角落生物坐姿毛公仔
（隨機獲得其中一款） 2名

可愛的炸豬扒和企鵝毛公仔掛飾，想帶回家嗎？

H 估估劃劃旅行版   1名

隊友要在限時內猜出你所描述的詞語，最先到達終點的隊伍勝出。

第53期得獎名單

A	LEGO Emmet's Dream House / Rescue Rocket! 70831	蕭嘉勤
B	Toytron/小小漫畫家	周清琳
C	Beverly Pacherie時尚巧拼包 DIY夢幻公主側肩包	區焯婷
D	LEGO Disney安娜和愛莎的歷險故事書 43175	黃予陶
E	奇趣七巧板	彭盎然
F	CB-75彈珠人彗星爆擊戰場對戰組	劉樂
G	大富翁搶錢風暴	周子瑩
H	TOMICA多美動物園AL02三角龍	林佑誠
I	Tomica Star Wars系列合金車-SC-06	林御朗 尹沛謙 葉姿言

I 拼貓貓 Mindo 1名

你能透過拼圖解謎遊戲，幫小貓蓓拉找到她的貓朋友嗎？

特別領獎安排 因疫情關係，第53期得獎者無須親臨編輯部領獎，禮物會郵寄到得獎者的聯絡地址。

29

Nexcare™
BANDAGES

防水透氣膠膜/敷貼

3M

醫院級傷口保護

防水

抗菌

360°保護 360°

透氣

獨特鑽石六角型設計

尤其適合水上運動使用

愛‧用心守護

膠膜

敷貼

轉一轉萬花筒，色彩繽紛的花花世界活現眼前。你也可以動手製作一個屬於自己的萬花筒，隨意搭配不同圖案的卡紙，轉出美麗圖像。

玩轉幻彩萬花筒

巧手工坊

親子

所需材料　p.31、33 紙樣

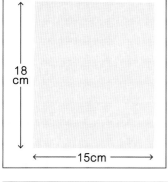

- 薄硬卡紙
- 雙面膠紙
- 美工刀
- 剪刀
- 鏡面紙 15cm x 15cm
- 幼飲管

＊使用利器時，須由家長陪同。
＊鏡面紙質地較硬，切割時要小心。

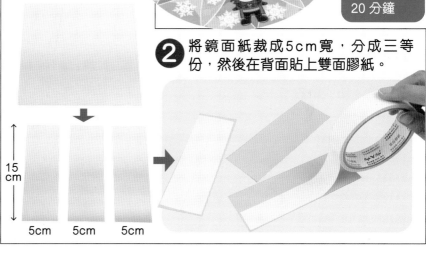

製作難度：
★☆☆☆☆

製作時間：
20 分鐘

製作流程

1 如圖中尺寸，裁出薄硬卡紙。

18 cm

15cm

2 將鏡面紙裁成5cm寬，分成三等份，然後在背面貼上雙面膠紙。

15 cm

5cm　5cm　5cm

3

將鏡面紙貼在薄硬卡紙上，每張鏡面紙之間要預留2mm至3mm的空隙。黏好後，撕掉鏡面紙上的保護膜。

18cm

15 cm

④ 在薄硬卡紙空白部份貼上雙面膠紙，如圖摺成三角柱體，黏好。

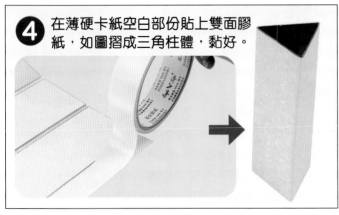

⑤ 剪下三角形紙樣，黏在三角柱體開口。

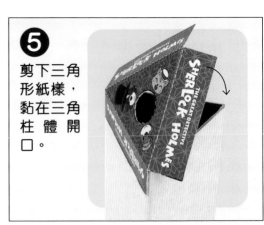

⑥ 剪短幼飲管，長度約8cm。在另一端開口中間貼上雙面膠紙，放上飲管黏好。

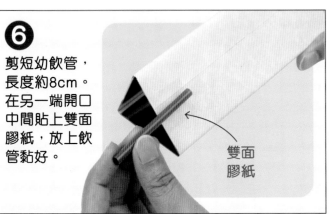

雙面膠紙

⑦ 剪下長方形紙樣，蓋着飲管圍邊貼好。

⑧ 為免圖紙太貼近萬花筒，在飲管包上幾層膠紙。最後剪下圖案紙樣，套入幼飲管內。

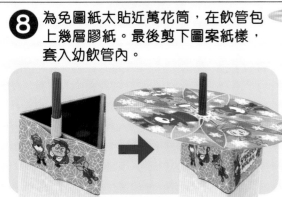

貼上裝飾，完成！

從這邊欣賞圖案吧！

❶鏡面紙要在美術用品專門店購買。買不到的話，也可以用銀色反光卡紙代替，效果稍遜，但在一般文具店有售。

❷萬花筒圖案可以自己畫，在P.34紙樣空白位置畫下喜歡的圖案吧。

銀色卡紙

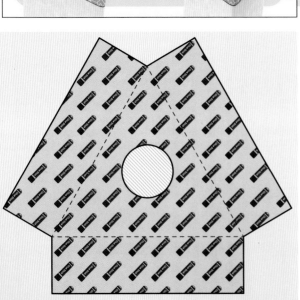

32

沿黑線剪下　　沿虛線摺

裁走部分　　黏貼處

33

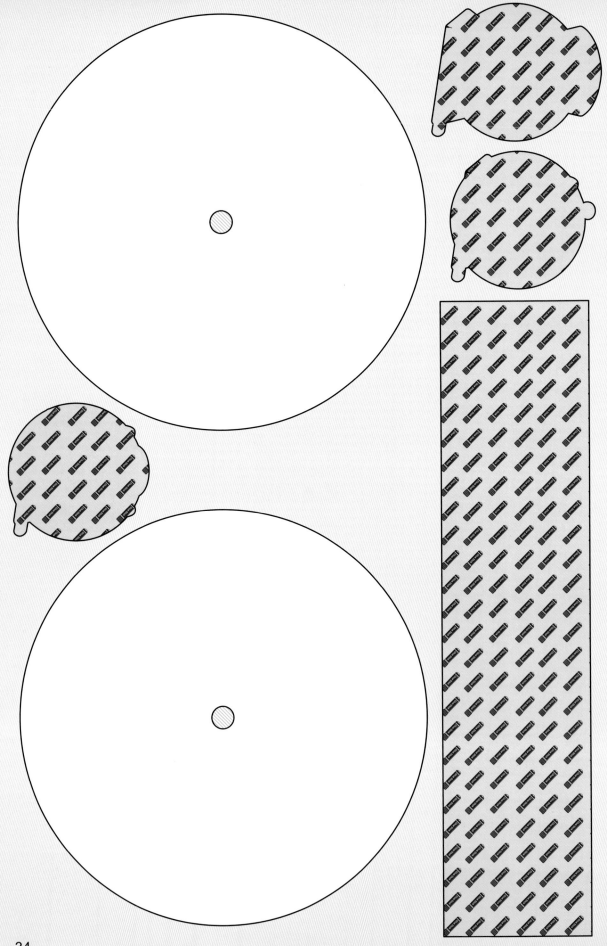

活用黏貼便條紙

大家在今期的學習專輯是否學到很多溫習小技巧呢？做筆記有助溫習，用Post-it®輔助就更能得心應手了！

我通常在課本用不同顏色便條紙做分類呢。

我就喜歡用大張的便條紙寫上重點。

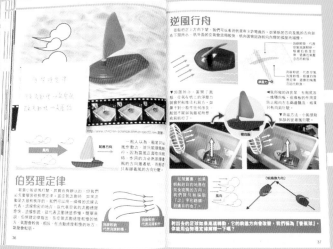

怎樣利用 Post-it®報事貼®溫習？

貼書本

不同顏色旗仔可將課本內容分類，搜尋時便能更快捷。

貼在筆記寫重點

寫筆記可能會一不留神寫太多字，在旁邊貼便條紙寫上關鍵字詞便更清晰。

貼牆壁

在房間書桌旁牆壁也可貼上寫有筆記的便條紙，這樣就不用時刻看着書本也能溫習。你更可把 Post-it® 多用途白板貼貼在牆壁上，任意寫多少筆記或圖表都可以。

Post-it® 便條紙的出現

70 年代，化學工程師亞瑟·傅萊因夾在詩歌書內的紙條容易掉落，從而激發他發明可撕貼又不會破壞書本的便條紙，最終於 1981 年面世。

↓市面上有很多不同大小和形狀的便條紙，方便在不同場合使用。

Post-it® Super Sticky Notes 比傳統便條紙黏力強 2 倍，黏在大部分物件表面上也能黏穩。

3M 香港有限公司　香港九龍灣宏泰道 23 號 Manhattan Place 38 樓
電話：2806 6111　網址：https://www.post-it.com.hk/3M/en_HK/post-it-hk/

今期的《大偵探福爾摩斯》M博士外傳相當精彩,唐泰斯終將陷害他的兩個仇人繩之以法,而他的最強大仇人維勒福也在新篇章登場。在看故事之餘,也要學習當中的成語啊!

〔人仰馬翻〕

「嘭」的一聲響起,傑弗利已被打得**人仰馬翻**,立即昏倒在地上了。

原來,桑代克以手上的書本作為武器,在一瞬間就制服了敵人。

> 兩軍交戰,人和馬受傷倒地,意為傷亡慘重,也可形容情況非常混亂。

很多成語都與動物有關,右面四個成語都缺了一個字,試把「羊、豹、鼠、虎」四個字填在正確位置。

與□謀皮　管中窺□
投□忌器　順手牽□

〔自吹自擂〕

「嘻嘻嘻,我說過嘛,我膽子和力氣都很大,要制服壞人簡直易如反掌呢。」猩仔展示手瓜,得意地說。

「傻瓜!」老船長「咚」的一下,把煙斗敲在猩仔頭上,罵道,「剛才差點就把俺嚇死了!還**自吹自擂**!」

> 自我吹噓或炫耀能力,內容通常稍微誇大。

以下成語的第一和第三個字都有「自」字,你懂得用「由/在、給/足、私/利、怨/艾」來完成以下句子嗎?

①不願付出卻想得到回報,像他這種自□自□的人,沒有人願意與他合作。

②她嚮往一個人自□自□的生活,就算父母催婚,她還未有結婚的打算。

③自□自□是不能解決問題的,我們應該積極面對,一起想辦法補救。

④這家餐廳在天台設有農圃,種植不同蔬菜和香草,自□自□。

〔見義勇為〕

「唔……神甫都樂於助人，或許他見到唐格拉爾可憐，就出手相助吧。可是，假扮蘇格蘭場法醫協助破案，對那個假扮者而言又有何好處呢？總不能以**見義勇為**來解釋吧？對！只有一個可能，就是報仇，那個桑代克是為了報仇！費爾南和唐格拉爾當水手時曾害死了不少人，有人找他們報仇絕不奇怪。沒錯，一定是這樣。」維勒福想到這裏，才嘘了一口氣。

與正義有關的成語很多，右面五個全部被分成兩組並調亂了位置，你能畫上線把它們連接起來嗎？

> 勇敢地去做正義的事。

義憤 ●　　　● 不平
挺身 ●　　　● 容辭
大義 ●　　　● 填膺
抱打 ●　　　● 凜然
義不 ●　　　● 而出

〔念念有詞〕

兩天後，一份報告已放在他的桌上。

他看後更震驚不已。因為，報告上指唐泰斯的鄰居裁縫鼠卡德早前被指控謀財害命，關鍵證據竟是幾顆刻着「M」字的鑽石！更令他驚異的是，裁縫鼠在被行刑前仍**念念有詞**地說，那些鑽石是一個意大利神甫送給他的。

包含疊詞的成語很多，你懂得以下幾個嗎？

□□不休　形容話多的人，總是說個不停。

□□欲墜　搖晃得快要倒下，有危險的意思。

□□計較　過分在意一些無關重要的小事。

人心□□　形容內心惶恐不安。

文質□□　形容談吐或舉止斯文有禮。

> 口中一直在默念，形容低聲自語的樣子。

簡易小廚神

通識 親子

清甜消暑 雜果杏仁豆腐

杏仁豆腐並非豆腐,而是一道外形像豆腐的杏仁凍。雖然不會咬到粒粒杏仁,但會嚐到淡淡的杏仁幽香,是上佳的清爽消暑甜品。

製作難度:★★☆☆☆
製作時間:20分鐘
(不包括浸泡及冷藏時間)

掃描QR Code可觀看製作短片。

伴雜果同吃更增添美味口感呢。

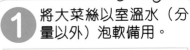

所需材料

大菜絲 5g　牛奶 300ml　水 300ml

罐頭雜果適量　冰糖 50g　杏仁粉 60g

① 將大菜絲以室溫水(分量以外)泡軟備用。

② 煮沸水,轉中火加入大菜絲及冰糖煮溶。

*使用爐具時,須由家長陪同。

③ 轉小火加入牛奶拌勻。

④ 加入杏仁粉煮溶。

38

⑤ 將做法④過濾倒進容器內放涼。

⑥ 將做法⑤放進雪櫃冷藏約一小時至凝固。

⑦ 從雪櫃取出後脫模，切粒。

⑧ 盛起切粒杏仁豆腐後，在上面鋪上雜果。

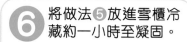
完成

伴新鮮水果、涼粉或紅豆蓉也可以啊！

杏仁分南、北

北杏　南杏

杏仁粉基本以南杏和北杏混合研磨而成，北杏較南杏細小，南杏味甜，多用於食用；北杏帶苦，多作藥用，具潤肺止咳及通便之效，但因帶毒性，不可過量服用。

杏仁含豐富膳食纖維、蛋白質、不飽和脂肪、抗氧化劑，除了靠製成杏仁豆腐、杏仁糊、杏仁茶等甜品吸收外，也可將之磨碎，加入乳酪、沙律中伴吃也是不錯選擇。

能登大雅的 杏仁豆腐

杏仁豆腐的起源可追溯至三國時期，當時神醫董奉為無數人免費治病，只要求治癒後栽種杏樹，多年後杏樹竟多達十萬棵，形成一片杏林，自此後人也以「杏林」作為對醫學界頌稱，而杏仁豆腐也是當時出現的藥膳甜點，用上該片杏林的杏仁製成，後來成為清朝滿漢全席的甜點，更傳入至日本並發揚光大。

日式超市也可買到杏仁豆腐。

語文題

❶ 英文拼字遊戲

根據下列1~5提示,在本期英文小說《大偵探福爾摩斯》的生字表(Glossary)中尋找適當的詞語,以橫、直或斜的方式圈出來。

G	U	R	I	C	E	O	R	Y	S	T	E
O	L	E	G	L	R	C	E	U	Q	A	P
A	C	A	N	D	O	U	R	K	U	I	R
N	V	S	O	T	S	R	A	N	M	K	O
D	M	S	Q	H	T	H	C	P	O	E	M
W	E	U	U	F	R	A	I	L	Y	C	I
E	N	R	E	U	Y	S	O	E	U	K	N
Y	T	E	A	R	H	T	D	C	I	M	E
G	R	O	G	G	I	L	Y	A	N	O	N
K	S	M	Y	E	K	Y	U	M	G	F	T

例

(形容詞)虛弱的

1.(動詞)
使人安心地說、安慰

2.(形容詞)
頑皮的

3.(名詞)
仁義、正直

4.(副詞)
神智不清地,無力地

5.(形容詞)
著名的、卓越的

❷ 看圖組字遊戲 試依據每題的圖片或文字組合成中文單字。

例

員

a

____

b

____

c

____

推理題

❸ 在家的活動

活潑貓、頑皮貓、問題羊和無膽熊留在家中時，分別會畫畫、溫習、唱歌和做甜點，請問你能根據以下提示，找出他們會做甚麼嗎？

活潑貓不會唱歌，也不會畫畫。

問題羊不會唱歌，也不會溫習。

頑皮貓不會溫習，也不會唱歌。

如果活潑貓不溫習，頑皮貓就不會給活潑貓做甜點。

數學題

❹ 教授蛋分糖果

教授蛋拿了一袋糖果招待客人，可是無論如何也無法均分，你知道教授蛋有多少顆糖果，又來了多少位客人嗎？

每人分 4 顆糖果的話，就少了 3 顆；
每人分 3 顆糖果的話，就剩下 2 顆。

4. 教授蛋有 17 顆糖果，要分給 5 位客人。

3. 活潑貓會溫習，頑皮貓會做甜點，問題羊會畫畫，無膽熊會唱歌。

2. a圖 b字 c船

1.

答案

SHERLOCK HOLMES
大偵探福爾摩斯

The Dying Detective ③

Sherlock Holmes
London's most famous private detective. He is an expert in analytical observation with a wealth of knowledge. He is also skilled in both martial arts and the violin.

Author: Lai Ho
Illustrator: Yu Yuen Wong
Translator: Maria Kan

Watson
Holmes's most dependable crime-investigating partner. A former military doctor, he is kind and helpful when help is needed.

Previously : Dead bodies with blackened skin kept surfacing in London and the first three bodies were all loners who lived in London's slum area. Since those three bodies were cremated hastily, it was impossible to determine the cause of death, until the fourth victim named Victor Savage was discovered. Inside Savage's wallet was a banknote with the names of three infectious disease experts written on it. Following this lead, Holmes paid a visit to them at the medical school, but all three experts insisted that they did not know Savage…

The Fourth Victim

"Oh!" Gorilla could see three names written on the banknote. The names were Culverton Smith, Michael Stewart and Richard Bloom. They were all names of Englishmen.

Gorilla thought for a moment then asked, "Some people like to *jot* things *down* on banknotes when they can't find any paper near them. Maybe Savage got this banknote with the three names on it by chance when he was shopping and money was exchanged?"

Culverton Smith
Michael Stewart
Richard Bloom

"Highly unlikely."

"Why is that?"

"Because of these three names."

"What do you mean?"

"They are all experts."

"What sort of experts?"

"They are London's topmost **prominent** experts on infectious diseases!" said Holmes as a chilling glimmer flashed across his eye.

"Oh!" gasped Gorilla. He knew right away what our great detective was trying to say. The victim, Savage, died from the Black Death and a banknote written with the names of infectious disease experts was found in his wallet. This could not be a coincidence. So exactly what could be the **mystery** behind those names?

"After you came by my flat yesterday, I reviewed some information on the Black Death and came across the names of these three experts. They've all been researching on the Black Death and they are all professors at The Medical School of Great Britain," said Holmes.

"I see," **uttered** Gorilla.

"Can you check if the handwriting on the banknote belongs to Savage himself please?" instructed Holmes. "In the meantime, I shall drop by the offices of these three infectious disease experts and find out how they are connected to the victim."

Without any difficulty, Gorilla was able to **confirm** that the handwriting on the banknote really did belong to the victim after showing the banknote to the victim's family. According to Savage's wife, Savage had a bad habit of jotting important things down on banknotes instead of using a notepad.

Glossary topmost (形) 第一的、數一數二的　　prominent (形) 著名的、卓越的　　mystery (名) 謎、神秘的事物
utter(ed) (動) 說、講　　confirm (動) 確定、證實

Meanwhile, Holmes went to visit the three experts on infectious disease. They all claimed that they did not know the victim and they all had

no clue why their names were written on the victim's banknote. However, from his meeting with each one of the

experts, Holmes could sense that something shady must be lurking behind.

The Dying Detective

Five days later, Watson was on a train back to London. Before the train had even come to a halt, he jumped off the train with his luggage in his hand then rushed out of the train station as quickly as he could. Running through his mind repeatedly was a message that read, "Mr. Holmes is in critical condition. Please come home immediately!"

Those words were written on a telegram that he received yesterday and the sender was the landlady. Watson's medical conference in Paris was supposed to go on for another day, but he found it impossible to sit still after reading the telegram so he

Glossary shady (形) 可疑的 lurk(ing) (動) 隱伏着、潛藏 halt (名) 停下來
critical condition (形+名) 情況危殆、病情危重

45

decided to **hop on** the next train back to London instead.

"Dr. Watson, this way!" shouted a voice as soon as Watson stepped out of the train station.

Watson stopped walking right away. He raised his head to search who was calling out to him and saw Alice running towards him.

"Alice, why have you come here?" asked Watson.

"The landlady asked me to come **fetch** you. She couldn't come herself because she needs to look after Mr. Holmes. He is very ill," said Alice as she tried to **catch** her **breath**.

"What happened? I was only gone for a few days. How come Holmes is suddenly in critical condition?" asked Watson **anxiously**.

"I don't know either. It seems like Mr. Holmes started to feel sick about four days ago. The landlady said he has locked himself in his bedroom and wouldn't let her in."

"What? How could that be? Doesn't he need to eat?" asked Watson **incredulously**.

"The landlady has been leaving food outside Mr. Holmes's bedroom door, but he hasn't touched a thing. This went on for a few days and she thought it was strange, so she went into his room despite his objection. Only then did she see how pale and sickly he looks. He even told the landlady to stop bringing him food because he has no **appetite** at all," said Alice as she **sobbed**.

"Have you asked for a doctor?"

"We wanted to but Mr. Holmes wouldn't let us. It wasn't until yesterday when he told us that you are the only doctor he is willing to see."

Watson was greatly taken aback and could not stop the words 'Black Death' from

Glossary hop on (片語動) 跳上　fetch (動) 接　catch one's breath (片語) 喘口氣
anxiously (副) 焦急地、擔憂地　incredulously (副) 難以置信地　appetite (名) 胃口、食欲　sob(bed) (動) 啜泣、嗚咽

flashing in his mind. He already had a bad feeling about the Black Death as soon as he read the telegram in Paris, but after listening to Alice, he was now almost certain that Holmes might be infected with the deadly disease, because Holmes was investigating a case concerning the Black Death right before Watson left London.

Although Watson understood Holmes's insistence, he still could not help but stomp his feet in anger, "How could he be so stupid? He should consult another doctor when I'm not around! What if his condition worsens?"

"The landlady tried to persuade him too but he wouldn't listen. You know how stubborn Mr. Holmes is. Once he has made up his mind, nobody can convince him otherwise," said Alice helplessly.

"That is true. Anyway, let's hail a cab and go home right away!"

Half an hour later, Watson and Alice had returned to 221B Baker Street.

The landlady was walking down the stairs worriedly as Watson was rushing up the stairs. As soon as she saw Watson, a look of relief came onto her face. She took Watson's hand and said, "Oh, Dr. Watson! I'm so glad to see you back! Mr. Holmes has been sick in bed for four days. He refuses to eat or drink anything, not even a sip of water."

"Alice has told me already. Don't worry, you go rest up and let me take over," reassured Watson.

Watson continued to run up the stairs after saying those words, leaving Alice to comfort the landlady.

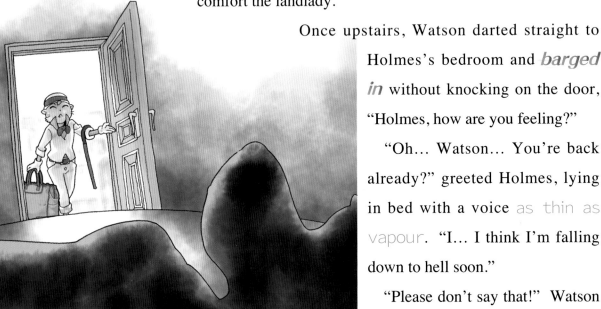

Once upstairs, Watson darted straight to Holmes's bedroom and *barged in* without knocking on the door, "Holmes, how are you feeling?"

"Oh... Watson... You're back already?" greeted Holmes, lying in bed with a voice as thin as vapour. "I... I think I'm falling down to hell soon."

"Please don't say that!" Watson instinctively stopped his old partner from uttering gibberish that sounded like sleep-talking. However, Watson could not help but feel a chill run down his spine, because lying in bed inside the gloomy room was an extremely haggard and pale Holmes that was almost unrecognisable.

It was just five days! Watson had not seen Holmes for just five days, and now the usual vigour on Holmes's face was completely gone!

Holmes's complexion was a dull grey and his lacklustre eyes were bulging out like a dead fish. Even under the dim lighting in the room, Watson

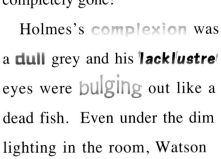

Glossary sip (名) 一小口　reassure(d) (動) 使人安心地說着、安慰　barge(d) in (片語動) 衝入
as thin as vapour (形) 薄弱的　instinctively (副) 本能地、直覺地　gibberish (名) 胡言亂語
gloomy (形) 陰沉的、陰暗的　haggard (形) 憔悴的、消瘦的　unrecognisable (形) 認不到的、無法識別的
complexion (名) 面色、膚色　dull (形) 暗啞的、無光澤的　lacklustre (形) 毫無生氣的、無神的　bulging (bulge) (動) 凸出

could see that the skin around Holmes's cheekbones was dry and cracking from severe dehydration. Moreover, Holmes's hands kept trembling on top of his duvet, as though the grim reaper was summoning him from a hair's breadth away.

"Holmes!" cried Watson as he *lunged* towards Holmes.

"No, Watson! Don't come near me!" shouted Holmes suddenly to stop Watson. "I'll make you leave the room if you take one more step!"

"But why?" asked Watson as he took a fearful step backwards.

"Just don't come any closer." Although Holmes's voice was sounding very weak, his tone was as firm as ever.

"But I want to help you," pleaded Watson.

"The best way to help me is to do as I say."

"Okay, fine. How may I help you then?"

"Aren't you angry with me?" asked Holmes.

"I can't bear to see you like this. Being angry is not my priority right now," said Watson.

"Very well. You know I'm only doing what's best for you."

"For me? What do you mean?"

"It's the Black Death. I'm infected with the Black Death and I don't want to pass it onto you," uttered Holmes with a voice so frail that it sounded as though an immense effort was needed to squeeze it out from his throat.

Even though Watson had already prepared himself for the worst, hearing the bad news directly from his old partner was still very hard to take. Watson was so overwhelmed that he could not help but shudder in shock.

"On the day that you left London for Paris, Gorilla

Glossary dehydration (名) 脫水　trembling (形) 顫抖的　duvet (名) 羽絨被、厚被子　the grim reaper (名) 死神
summon(ing) (動) 召喚　a hair's breadth (片語) 極近、極短的距離　lunge(d) (動) 撲向　priority (名) 首要事項、優先考慮的事
frail (形) 虛弱的　immense (形) 艱巨的、極大的　squeeze out (片語動) 擠出　shudder (動) 發抖、顫抖

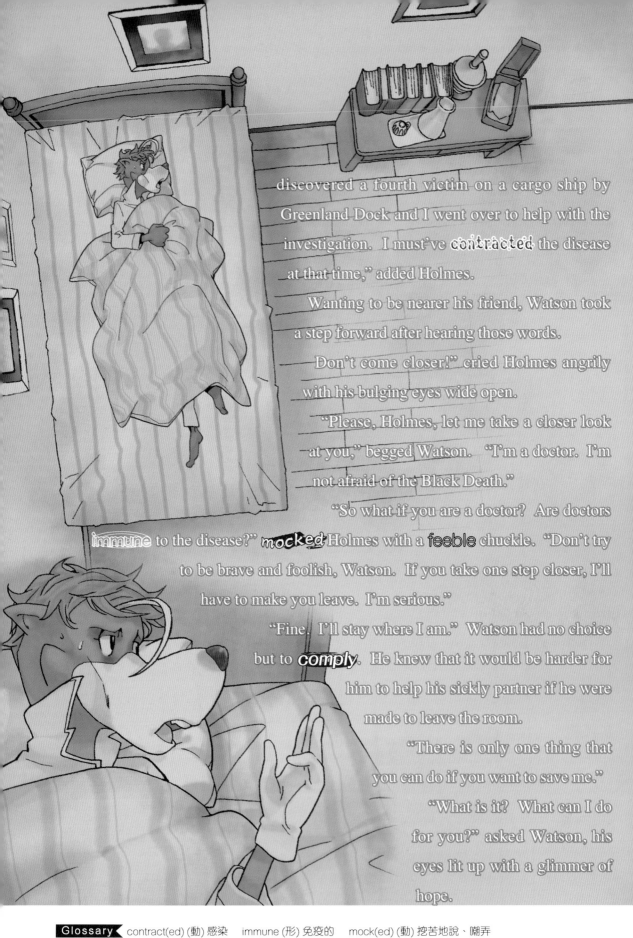

discovered a fourth victim on a cargo ship by Greenland Dock and I went over to help with the investigation. I must've *contracted* the disease at that time," added Holmes.

Wanting to be nearer his friend, Watson took a step forward after hearing those words.

"Don't come closer!" cried Holmes angrily with his bulging eyes wide open.

"Please, Holmes, let me take a closer look at you," begged Watson. "I'm a doctor. I'm not afraid of the Black Death."

"So what if you are a doctor? Are doctors *immune* to the disease?" *mocked* Holmes with a *feeble* chuckle. "Don't try to be brave and foolish, Watson. If you take one step closer, I'll have to make you leave. I'm serious."

"Fine. I'll stay where I am." Watson had no choice but to *comply*. He knew that it would be harder for him to help his sickly partner if he were made to leave the room.

"There is only one thing that you can do if you want to save me."

"What is it? What can I do for you?" asked Watson, his eyes lit up with a glimmer of hope.

Glossary contract(ed) (動) 感染　　immune (形) 免疫的　　mock(ed) (動) 挖苦地說、嘲弄
feeble (形) 虛弱的、無力的　　comply (動) 服從、遵守

"There are three experts on the Black Death in London. Rumour has it that they are conducting clinical experiments in secret. Perhaps they've already found a way to cure the Black Death," said Holmes.

"Really?" Watson simply could not believe his ears. He himself was a practitioner in the medical field, yet he had not heard of such a rumour.

Ignoring Watson's astonishment, Holmes raised his thinning arm and pointed wobbly at the coat hanging on the wall, "You'll find a banknote in my coat pocket with the names of the three experts written on it. Please go find them at once. Maybe there's hope for me if they're willing to come treat me."

Watson found the banknote right away after a brief search in the coat pockets. Sure enough, three names were written on the banknote. The names all seemed familiar to Watson. Perhaps he had come across those names somewhere before.

"They are all professors at The Medical School of Great Britain," said Holmes.

"No wonder the names looked so familiar. I remember now. They are all renowned scholars. And Culverton Smith is the director of The Medical School of Great Britain," said Watson as he pointed at one of the names on the banknote.

"It's not unusual for you to have heard of these three famous doctors since you're a medical professional yourself." Holmes took a pause as though to gather the remainder of his strength before continuing, "What's strange is that this banknote was found on the body of the fourth victim who died on the cargo ship. Gorilla had

Glossary rumour (名) 謠傳、流言　clinical experiment(s) (名) 臨床實驗　practitioner (名) 執業者　astonishment (名) 驚訝　wobbly (形) 搖晃的、不穩定的

already confirmed that the handwriting on the banknote belonged to the victim. I had also paid visits to the three professors and they all claimed that they didn't know the victim. Both Gorilla and I are at a loss. We just don't understand why the victim had written down the names of these three famous doctors."

"We can figure out that mystery later. It's more important now to ask them to come here to treat you first," said Watson.

"You are right. All three professors will be attending an internal meeting this afternoon at the university's main conference room. A short 15-minute recess is scheduled at five o'clock. You must make good use of the time and persuade them within the 15-minute recess. Otherwise, they'll continue with their meeting until eight o'clock in the evening."

"Okay, I understand. If I leave now, I should be able to reach the university before five o'clock," said Watson.

"Oh…." Holmes suddenly let out a distressing *moan* as though he was in great pain.

"Holmes, are you feeling okay? Is something wrong?" asked Watson anxiously.

With his eyes closed, Holmes muttered groggily, "Oysters… Oysters can reproduce so quickly… so how come… how come they're not filling up the ocean…?"

"What are you talking about?" asked the bewildered Watson.

"Oysters filling up the ocean… Why isn't the seawater spilling out…?"

"Oh!" Watson wondered if Holmes's gibberish was a sign of disorientation caused by his illness.

To test whether or not Holmes was lucid, Watson asked, "Do you know who is Bunny? What comes to your mind when I mention Bunny?"

"Naughty… annoying… impish…"

That sounded right. Those were the most suitable words to describe Bunny.

Glossary moan (名) 呻吟　groggily (副) 神智不清地、無力地　bewilder(ed) (形) 困惑的
disorientation (名) 精神恍惚　lucid (形) 頭腦清晰的　impish (形) 頑皮的

"What about Alice? What comes to your mind when I mention Alice?" asked Watson further.

"Money… money… vampire… a seductive, blood-sucking she-devil…"

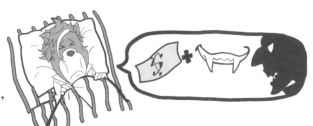

Watson was utterly taken aback. He could not believe that his old partner would associate Alice with a seductive, blood-sucking she-devil! Perhaps Holmes really was losing his mind.

Just to make sure, Watson asked Holmes one more question, "What about Watson? Do you know him? What comes to your mind when I mention Watson?"

"A **quack** … fake **candour** … a lecher…"

"What? I'm a quack and a lecher? How could you think of me like that?" Watson was so furious that smoke was coming out of his ears.

"Oh… help me… please… help me…" *groaned* Holmes.

"Oh dear God!" Holmes's groaning brought Watson back to the situation before him. Holmes was only speaking nonsense because of his foggy state of mind. Watson reminded himself not to take Holmes's words seriously as there was still an important task at hand.

However, Watson also knew that sometimes the words of one in a semiconscious state could be the truest. The thought of that really saddened Watson. He had immense respect for his old partner, yet Holmes's image of Watson was most **vulgar**. Despite feeling **dismayed** and *disheartened*, Watson stayed the course and hurried to the university.

Next time on **Sherlock Holmes** — Watson pays a visit to the three infectious disease experts, but they all refuse to treat Holmes. Can Holmes be saved from the verge of death?

Glossary seductive (形) 有魅力的   associate (動) 聯繫起來、聯想起   quack (名) 冒牌醫生、庸醫
candour (名) 仁義、正直   lecher (名) 好色之徒   groan(ed) (動) 呻吟   semiconscious (形) 半夢半醒的、半昏狀態的
vulgar (形) 庸俗的   dismayed (形) 沮喪的、氣餒的   disheartened (形) 灰心的、泄氣的

大家在家能否專注溫習課本呢？原來複習、讀寫、轉換溫習環境甚至睡眠都有助加強學習時的記憶力啊！大家也不妨試試吧！

《兒童的學習》編輯部

寫作水平幾何級上升那麼厲害嗎？不妨發揮所長，將學到的技巧寫一篇文章寄來「實戰寫作教室」，讓厲河老師評價一下吧！

超級希望刊登 讀者意見區 室

今期的實戰寫作教師令我的寫作水平幾何式上升，所以我希望在兒童的學科裏多教一些寫作技巧，令所有的寫作水平大幅上升

● 吳栢添

讀者意見區（希望疫情盡快過去..）

♡ 在封面的厲河老師很可愛！
☆如果厲河老師遇上森巴..
①厲河老師：（努力寫作中..）
②森巴：（跑過來，拿了厲河老師的鉛筆，咬一口）
③厲河老師：鉛筆有毒啊！快吐出來！
④森巴：好吃！YUMMY厲河老師：（哭了，罵不下去）

● 高詩敏

光是想像一下，也覺得這個情景很惹笑呢！不過鉛筆裏的石墨真的有毒的啊，大家不要模仿呢！

插圖畫廊

1-100分
 厲害者 90分

希望刊登

● 劉柏君

讀者意見區（希望刊登/中獎）

森巴很有趣呢！

8分 1-10?

● 李希朗

讀者意見區

希望刊登

1-10分 9分

● 林恩晴

讀者意見區

賴斯奇（梁伐銳）

9分

←1-10分（份最高份最低）

希望刊登

（因為是我的弟弟生日所以希望能獲得小禮物給弟弟）

● 蕭顯揚

讀者意見區

這次的簡易小廚神很成功

● 何鈺瀅

教授蛋答問區

Q1 刀鞘是甚麼意思？

就是刀的保護套，如人穿衣服一樣，多以皮革、木或尼龍等製成。昔日的武士多將刀鞘掛在腰間。

● 提問者：林靖

Q2 科學家說我們只可以吃到甜、苦、辣和酸，那為甚麼可以吃到鹹呢？

舌頭可感應到甜、苦、酸、鹹、鮮五種味覺，反而辣不是味覺，而是一種觸覺，辣椒中的辣椒素並非刺激味蕾，而是與痛覺和灼熱感有關的神經纖維，從而將感覺傳送至大腦，所以將辣椒放在眼、鼻附近，也能感受到灼痛感。

● 提問者：梁昕悅

如果大家有任何疑問，也可寫在問卷上寄回來，讓教授蛋解答。

SAMBA FAMILY ♪

A Story of Dust

ARTIST: KEUNG CHI KIT
CONCEPT: RIGHTMAN CREATIVE TEAM

今天天氣晴朗，溫度適中。　　　　　　　　　　　嗨!!　　　　　　　　　很適合出外遊玩。

森巴正準備豐富的午餐……

吃飽的樹熊也開始長達
九小時的午睡……

馬騮不停看書
增進知識……

The teenage girl Cui Cui is continuing her frenzied shopping...

少女翠翠繼續瘋狂購物……

And Tiger-maru is still being chased by the rats...

虎丸繼續被老鼠追着跑……

All the animals are out for activities in the sun...

所有動物都在陽光下活動……

But only one man...

除了一個男人……

... stays quietly at home to protect the house where all find shelter...

……安靜地留在家裏，守護着
眾人的棲身之所……

59

Finally I am the protagonist of this chapter!!

Yeah !!

耶!!

我終於成為本話的主角!!

It's been such a long time since I've made my appearance. Don't you all miss me?

Let do my dance of celebra-tion !!

Yo Yo~

Ha Ha~

我很久也沒有出場。想我嗎?

跳舞慶祝吧!!

喲喲~~

哈哈~~

Kang, what are you doing over there?

小剛，你在那邊做甚麼？

There's really peace and quiet in the house, so can you please let us play our card game without such a loud noise?

全屋都很安靜，請你不要吵着我們玩紙牌遊戲。

Let me give you 2 dollars... Please go out and have some fun!!

Get out!!!

給你2元......出去玩吧!!

出去!!!

Phew~ Finally it's all quiet now...

Now I'm the only one in the house. I have to enjoy it to the maximum!!

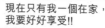

呼~ 終於安靜了......

現在只有我一個在家，我要好好享受!!

First, go to the kitchen for some food!!

首先，去廚房找食物!!

砰—

Darn it!! No one cleaned the place before heading out. Now I have to be the one who does it!!

可惡!!他們出門前都不打掃，
要我一個人打掃!!

The whole house is so messy and dirty... Cough cough...

整間屋都很髒和亂……
咳咳……

I really don't understand how they could make the place so dirty !!

我真的不明白他們
怎樣弄髒的!!

Cough cough ...

Cough cough cough ...

咳咳……

咳咳咳……

Cough Cough ~~!!

咳咳~~~!!

Phew~ I did it! It's all clean now!

呼~ 完成了！非常乾淨!!

為甚麼還有一大團灰塵!?

一定是我沒有掃乾淨，　　掃走它吧!!

嗯？今天有風嗎？

好吧!!　　　　呼呼—　　用吸塵機!!

WHIRRR

呼呼—

Done!!

完成!!

PU

Ehhh～～～!?

噗— 咦～～～!?

Why has the dust escaped !?

為何灰塵會逃走!?

Looks like the vacuum cleaner didn't work... Alright, let me use a more original method!!

可能是吸塵機壞了……好吧，
用最原始方法!!

Hey!!

嘿!!

Darn it!!

可惡!!

Don't move !!

PA

不要動!!　　　　啪一

I will catch you, I swear !!

Pant... Pant...

我會抓到你，我發誓!!　　　嘎……嘎……

You're making me angry!! Try this!!

你惹我生氣了!!
試這方法!!

抓到了!! 　　　啪—　　　　　　　　　嗖~　　　吼~ 我被一團灰塵耍弄了!!

啊~~　　嗖—　　　　　咦……

嘿嘿~　　　　終於抓到了……　用我的嘴接住……　　　　真的很噁心……

我要儘快吐出來沖掉!!

噗— 乞……

乞啾~~!!

甚麼!?它跑掉了!?

這……這…… 這不是一團普通的
灰塵~~~!!

又或者是UFO的
保護罩!?

噢！這不是灰塵，
而是生物!?

Ah!! I have an idea!

I can find information online!

啊!!我有辦法！

上網找資料！

Keyword... Dust-like animal...

關鍵字……塵狀動物……

神秘生物大全2.0由K先生編寫

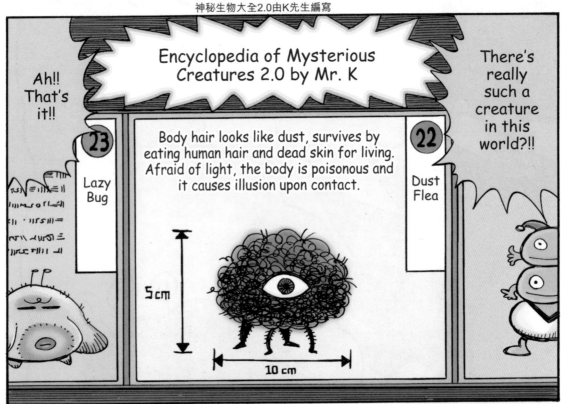

Ah!! That's it!!

There's really such a creature in this world?!!

Encyclopedia of Mysterious Creatures 2.0 by Mr. K

23 Lazy Bug

22 Dust Flea

Body hair looks like dust, survives by eating human hair and dead skin for living. Afraid of light, the body is poisonous and it causes illusion upon contact.

5cm

10 cm

啊!!找到!!

懶蟲

身上的毛髮長得像灰塵，靠吃人類頭髮和死皮生存。怕光，身體有毒，會令接觸者產生幻覺。

灰塵跳蚤

這個世界真的有這種生物嗎?!!

Cough~ Cough~ But it's poisonous!!

I even used my mouth to catch it... Bluhhh~~

咳~咳~但它有毒!!

我甚至用嘴接住它……嘔~~

Hehe... But now I know what creature you are!!

I will definitely catch you this time! Round 2 begins!!

嘿嘿……我知道你是甚麼生物了!!

這次我一定會抓到你！第二回合開始!!

Eh!? Where's that dust flea!? It was here just now!!

Why is there so much dust over there!?

Huh!?

咦!?灰塵跳蚤在哪裏!? 剛才還在這裏!!　　為甚麼那邊有一團灰塵!?　啊!?

You are back!! And you helped me catch the dust!! You're so awesome!!

How have I helped you catch anything when I came back!?

Hi I am home

你們回來了!!還幫我抓到灰塵!!你真棒!!　　我剛回家，就要我幫你抓住它!?　　　嗨　我　回　家

This dust has been fooling around with me for a long time, now you have nowhere to go anymore! Let me finish you!!

Give it to me!!

這團灰塵一直在耍弄我，　　現在無處可逃了！收拾你吧!!　　給我！

71

兒童的學習 NO.55

香港柴灣祥利街9號
祥利工業大廈2樓A室
兒童的學習編輯部收

請貼上 $2.0郵票

2020-9-15　　▼請沿虛線向內摺。

請在空格內「✔」出你的選擇。

問卷

有關今期內容

Q1：你喜歡今期主題「最強腦科學溫習法」嗎？

01 □ 非常喜歡　　02 □ 喜歡　　03 □ 一般　　04 □ 不喜歡　　05 □ 非常不喜歡

Q2：你喜歡小說《大偵探福爾摩斯──M博士外傳》嗎？

06 □ 非常喜歡　　07 □ 喜歡　　08 □ 一般　　09 □ 不喜歡　　10 □ 非常不喜歡

Q3：你覺得SHERLOCK HOLMES的內容艱深嗎？

11 □ 很艱深　　12 □ 頗深　　13 □ 一般　　14 □ 簡單　　15 □ 非常簡單

Q4：你有跟着下列專欄做作品嗎？

16 □ 巧手工坊　　17 □ 簡易小廚神　　18 □ 沒有製作

讀者意見區

快樂大獎賞：
我選擇 (A-I)

只要填妥問卷寄回來，
就可以參加抽獎了！

感謝您寶貴的意見。

請沿實線剪下

請沿實線剪下

讀者資料

姓名：	男 女	年齡：	班級：

就讀學校：

聯絡地址：

電郵：	聯絡電話：

你是否同意，本公司將你上述個人資料，只限用作傳送《兒童的學習》及本公司其他書刊資料給你？（請刪去不適用者）

同意/不同意 簽署：＿＿＿＿＿＿＿＿＿＿＿＿＿ 日期：＿＿＿年＿＿月＿＿日

讀者意見收集站

A 學習專輯：最強腦科學溫習法

B 實戰寫作教室：
厲河老師的實戰寫作教室

C 大偵探福爾摩斯——
M博士外傳⑫密函的背後

D 快樂大獎賞

E 巧手工坊：玩轉幻彩萬花筒

F 成語小遊戲

G 簡易小廚神：
清甜消暑雜果杏仁豆腐

H 知識小遊戲

I SHERLOCK HOLMES：
The Dying Detective③

J 讀者信箱

K SAMBA FAMILY：A Story of Dust

＊請以英文代號回答**Q5**至**Q7**

Q5. 你最喜愛的專欄：

第 1 位 19＿＿＿＿ 第 2 位 20＿＿＿＿ 第 3 位 21＿＿＿＿

Q6. 你最不感興趣的專欄：22＿＿＿＿原因：23＿＿＿＿＿＿＿

Q7. 你最看不明白的專欄：24＿＿＿＿不明白之處：25＿＿＿＿＿

Q8. 你覺得今期的內容豐富嗎？

26□很豐富　　27□豐富　　28□一般　　29□不豐富

Q9. 你從何處獲得今期《兒童的學習》？

30□訂閱　　31□書店　　32□報攤　　33□OK便利店

34□7-Eleven　　35□親友贈閱　　36□其他：＿＿＿＿＿＿

Q10. 你有看過以下哪本「第17屆 十本好讀」（小學生最愛書籍）？

37□大偵探福爾摩斯㊸時間的犯罪　　38□屁屁偵探讀本：怪怪偵探事務所

39□Q小子生活筆記之低頭族看過來　　40□穿越時空鼠①穿越侏羅紀

41□魔法公主學院⑦穿越平行宇宙　　42□鬥嘴一班辨錯別字　　43□Q版特工㊴解密

44□STEAM大挑戰：32個趣味任務，開發孩子的設計思考力＋問題解決力

45□獅子王（經典圖畫故事）　　46□小老鼠別鬧了！　　47□沒有看過

Q11. 你還會購買下一期的《兒童的學習》嗎？

48□會　　49□不會，原因＿＿＿＿＿＿＿